LA
BELLE ADRIENNE

PAR

ARNAUD BARON

PARIS

Auguste GHIO, éditeur

1, 3, 5 & 7, Galerie d'Orléans

PALAIS-ROYAL

—

1877 - 1878.

Orléans. — Imp. Ch. Constant.

LA BELLE ADRIENNE

LA BELLE ADRIENNE

PAR

ARNAUD BARON

PARIS

Auguste GHIO, ÉDITEUR

1, 3, 5 & 7, Galerie d'Orléans

PALAIS-ROYAL

1877 - 1878.

LA BELLE ADRIENNE

I.

Adrienne naquit sous le toit d'un maçon
Très-habile à placer la poutre et l'étançon,
Versé dans la bâtisse et dans le carrelage.
Ce n'était pas en somme un seigneur du village ;
Assez à l'aise, il mit sa fille en pension
Pour lui faire donner « quelque éducation. »
Il se sentait porté par un souffle prospère :
Dans son orgueil naïf, dans son amour de père,
Il rêva pour sa fille un brillant avenir.
Fi d'un maître maçon !... Il la voulait unir
A quelque jeune clerc, qui deviendrait notaire,
Quand lui-même serait un gros propriétaire.

Malgré de longs labeurs, il ne put s'enrichir ;
Ses cheveux sur son front commençaient à blanchir ;
Adrienne voyait s'éclipser les années,
Voyait pâlir aussi ses fleurs non-moissonnées :
Car les beaux prétendants ne se présentaient pas,
Et déjà l'enbonpoint nuisait à ses appas.
Elle avait toujours eu des pieds de roturière,
Sans travailler beaucoup des mains de couturière ;
Mais son visage était idéal, moins réel,
Que les créations du divin Raphaël ;
Et je ne sais comment l'immuable nature
Dérogeait à ses lois pour cette créature,
Douce vénitienne ayant des cheveux blonds,
Un teint rose et bistré, des yeux noirs et profonds
Car non loin de Dunkerque elle avait pris naissance,
Sous un soleil sans gloire et sans magnificence.
Elle se dépitait.... Verceille est un hameau
Grand comme un champ de danse à l'ombre d'un ormeau.
Mais un jour l'on parla de fouilles et de mine :
Du village bientôt tout autre fut la mine ;
De nombreux ouvriers à l'air terrible et bon
Purent d'un sol ingrat extraire le charbon ;
Et d'agitation cette heure fut suivie :
Des hommes ! des wagons partout !.. partout la vie !
C'était plaisir de voir un si grand changement,
Les champs pleins d'ouvriers et pleins de mouvement,
Et sans aucun repos l'ardente créature

Entr'ouvrant en tous sens le sein de la nature !
Jean, l'un des ouvriers était bon travailleur ;
De toute son équipe il était le meilleur,
Très aimé de ses chefs, très-exact et très-sobre.
Or donc, il arriva qu'un Dimanche d'Octobre,
Le mineur se trouvant échappé du tombeau,
Vit le front d'Adrienne et le trouva très-beau.
Il vit en même temps ces trois exquises choses :
Un visage divin, le soleil et les roses !
Nous, nous ne savons pas quel délire vainqueur,
Le soleil triomphant t'allume au fond du cœur,
O pauvre purion, qui, séparé du monde,
Vis toujours sous la terre et dans la nuit profonde !
Pour Adrienne Jean est d'amour transporté.
Par un ami commun au père présenté
Il peut tout à loisir courtiser cette belle,
Qui ne se montre pas à ses ardeurs rebelle.
Adrienne tout bas le trouvait un peu noir
Quand le mineur sortait de l'affreux entonnoir,
Par où l'homme descend chez la commune mère.

Mais l'existence alors lui devenait amère,
Quand elle apercevait au bras de son mari
Une grosse compagne au teint frais et fleuri.
Pour bannir de son cœur le dépit qui l'obsède
Elle appelait en vain son orgueil à son aide.

Pouvais-je, disait-elle, aimer ces paysans,
Ces valets de charrue ou ces vils artisans
Qui venaient étaler leur grâce à ma fenêtre ?
Elle aurait bien voulu séduire un contre-maître,
Tant elle avait au cœur de sourde ambition,
Et tant lui répugnait cette punition
D'épouser au milieu de mille moqueries
Un homme moins bien mis qu'un valet d'écuries,
Après avoir longtemps fait de la majesté !

La peur de rester fille éteignit sa fierté,
Et Jean ivre d'amour et fier de sa conquête,
Put épouser enfin cette belle coquette !

Il ne goûta jamais de pure volupté,
Adrienne au plaisir mêlant la cruauté.
Son amour était plein de choses homicides ;
Il avait la saveur de certains fruits acides
Dont le suc pénétrant irrite le palais.
Adrienne autrefois traitait comme valets
Les pauvres paysans que ses coquetteries
Avaient incendiés d'érotiques furies.
A son tour son mari souffrit mille tourments.
Son œil jaloux partout lui voyait des amants,
Tant chez les étrangers son ardente prunelle
Enflammait à plaisir de passion charnelle,

Tant elle se montrait froide pour son mari,
Malade des poisons dont il était nourri !
De ses déceptions cette cruelle engeance,
Assouvissait sur lui la secrète vengeance.
Souvent Jean se sentait pris de doute et d'effroi
Et lentement longtemps la regardait.... « mon roi ! »
Lui disait-elle alors ; ... et ces simples paroles,
Jetait le pauvre Jean dans des extases folles :
Fugitives lueurs ! Jean était condamné :
Jean sentait qu'il vivait dans un bonheur miné.
Un jour elle lui dit : « Ecoute ! mon pauvre homme !
« Tu travailles beaucoup sous terre, mais en somme,
« Je ne joins qu'à grand peine un bout à l'autre bout,
« Ce n'est pas sans argent que la marmite bout.
« Madame du château demande une ouvrière.
« Je suis sans me vanter bonne couturière.
« Je n'ai pas, pour le jour, assez d'ouvrage ici,
« Et d'ailleurs il nous vient des causes de souci :
« Un enfant nous naîtra vers les Pâques prochaines :
« Si Dieu revêt le lys et même les grands chênes
« De riches vêtements qui ne leur coûtent rien,
« Pour vêtir notre enfant il nous faudra du bien.
« Il nous viendra tout nu comme les petits anges :
« Il nous faut un berceau, des couches et des langes,
« Des bonnets, des béguins, ces jolis vêtements
   Qui ne sauraient durer, fragiles et charmants !
« Mes mains travailleront pour la chère personne

« De l'ange auquel songeant mon cœur ému frissonne.
« Oui, je le veux nourrir du plus pur de mon lait.
« Mais tapissons le lit du petit roitelet,
« Pour que dans le duvet il sourie à la vie !
« Nous aurons de le voir l'âme toute ravie !..... »
Le pauvre purion tout tremblant de bonheur,
Attira doucement sa femme sur son cœur,
Et se raillant tout bas de ses vaines alarmes,
Il sentit de ses yeux couler de douces larmes.
Il voyait près de lui le petit chérubin,
Dans sa blanche layette ou l'eau pure du bain ;
Il embrassait déjà son front charmant et rose ;
Et cet homme souvent inquiet et morose,
Redevint tout-à-coup calme, presque rieur,
En entendant chanter un hymne intérieur !
Adrienne portait d'élégantes dentelles :
(Les femmes des mineurs n'en portent point de telles).
Des bagues, des bijoux rehaussaient ses appas.
Jean amoureux et grand ne les remarquait pas.
« Chère femme, dit-il, j'aurais voulu te faire
« D'amour et de bonheur une chaude atmosphère ;
« J'aurais voulu te voir rester à la maison,
« Dans cet étroit mais doux et charmant horizon.
« Je pensais qu'à nous trois suffirait mon salaire.
« D'ailleurs j'aurais tenté tout, afin de te plaire,
« Mais puisque tu parais craindre pour l'avenir
« Du cher petit enfant que nous allons bénir,

« Pour lui rendre ici-bas plus douce sa venue,
« Oui, tu peux travailler chez ta dame inconnue !
« Ton sacrifice est noble ; il t'élève à mes yeux :
« L'enfant te devra plus : tu l'en aimeras mieux.
« Ah ! nos âmes ainsi seront bien enchainées !
« Nous coulerons gaîment nos humbles destinées ;
« Nous serons plus heureux que ne le sont les rois,
« Si nous savons toujours être un, en étant trois !
« Oh ! ma chère Adrienne ! oh ! dis-moi que tu m'aimes !..
« Malgré mon air grossier, mes peines sont extrêmes,
« Vois-tu, quand ta froideur parfois me fait souffrir !
« Dieu m'est témoin qu'alors je voudrais bien mourir !
« Tonnerre ! en ces instants je ne suis plus un homme !
« Je regarde sans peur un verre de rogomme,
« Moi, qu'on n'a jamais vu même avec un ami,
 « Sortir d'un cabaret le pas mal affermi ! »

— « L'enfant ! le grand enfant ! répartit Adrienne ;
« Mets ton front sur mon sein, mets ta main dans la mienne!
« A quoi bon ces frayeurs et tout ce vain émoi ?
« Va ! ne redoute rien ! je suis sûre de moi !
« N'es-tu pas tout mon cœur et toute ma pensée ?
« Bannis ces vains soupçons qui souvent m'ont blessée !
« Je rougis de te voir craindre pour ma vertu,
« De m'entendre accuser sans cesse !...—« Que veux-tu,
« Ma femme ! je le sais, j'ai l'humeur difficile !
« Tiens ! vois-tu, ton amour me rend presque imbécile!

« Avant notre union je n'étais pas ainsi !
« J'étais un grand gaillard, franc, loyal, sans souci ;
« J'emplissais de chansons les longs corridors sombres;
J'apportais le soleil, la vie au sein des ombres !
Jean-le-Noir-Rossignol m'avait-on surnommé.
De tous mes compagnons je me voyais aimé !
Maintenant l'on me fuit car je deviens maussade !
Plus de mots d'amitié ! plus de franche embrassade !
De mon isolement bien souvent je frémis,
Car j'ai besoin d'aimer et je n'ai pas d'amis ! »
A ces mots un sanglot s'échappa de sa gorge,
En sifflant, comme l'air sort du soufflet de forge !
Il haleta ; des pleurs bienfaisante rosée,
S'épanchant doucement sur son âme embrasée,
Lui firent espérer un avenir meilleur.
Adrienne esquissait un sourire railleur,
En voyant vaciller, elle que rien n'étonne,
De l'orage au soleil comme le ciel d'automne,
Dans leur forte prison ces débiles esprits,
Et vaguement pour Jean se sentait du mépris !

II.

La dame du château s'appelle Madeleine ;
C'est une vertueuse et douce châtelaine ;
Veuve, elle se consacre à Lucien son enfant
Unique, dont le nom rend son front triomphant,
Et son cœur plus joyeux que celui d'une reine !
Adrienne vécut une saison sereine,

Dans la riche maison travaillant humblement.
Le luxe lui plaisait, mais sans enivrement :
L'œuvre de chaque jour et ses couches prochaines
A ses vices latents servaient de douces chaînes,
Et comme elle pouvait préparer le souper,
Pour l'heure où Jean venait à sa porte frapper,
Celui-ci la voyait sans trop de jalousie,
Tout le reste du jour vivre à sa fantaisie.
Aucun bruit ne blessait sa réputation.....
Il flairait tout d'abord quelque laide action ;
Mais bientôt le soupçon desserrant ses étreintes,
Il laissa s'endormir ses inutiles craintes,
Et goûta le bonheur de la tranquillité !.....

Il vint enfin le jour de fête redouté !!!....
Comme elle l'avait dit quand le soleil de Pâques,
Fend du brumeux hiver les nuages opaques,
Sème partout la vie et la fécondité,
Eblouissant de gloire et de sérénité !
Combien Jean fut heureux quand il se vit le père,
D'un robuste garçon à la mine prospère,
Si frêle toutefois sous ses rideaux bien blancs,
Qu'il n'osait le saisir entre ses doigts tremblants !
Que de grâce naïve en cette gaucherie !
Combien elle égayait toute la galerie !
Pour sa femme il était tendre, empressé, charmant.
Celle-ci lui disait parfois brutalement :

« Jean lave-toi les mains ! Quelle indécente mise !
« Dieu ! que ta blouse est noire ainsi que ta chemise !
« Tu devrais des voisins épargner les regards,
« Ou du moins me montrer, à moi, quelques égards !
« Madame doit venir et tu lui vas déplaire ! »

Jean honteux et confus, sans se mettre en colère,
Lui disait : un mineur n'est pas un farinier,
« La couleur du charbon sied bien au charbonnier.
« Lui voulait-elle voir une mise princière,
« Pour rester tout le jour dans la noire poussière ?
« Il ressemblait aux gens de tous les environs !
« Les autres ouvriers ..... étaient-ce des barons ?
« Pourquoi mal à propos faire la mijaurée ?
« Chacun de son métier endosse la livrée,
« Et qui la répudie est homme sans honneur ! »

Comme elle s'indignait,.. plus humble, le mineur
Entre ses pauvres mains retournant sa casquette.
(Tel un solliciteur présente sa requête)
Lui disait doucement : « peut-être as-tu raison ?....
« Attends je t'en supplie encore une saison
« Et nous pourrons alors essayer du commerce ! »
Mais elle, d'une voix où le seul mépris perce :
« Toi marchand ! pauvre Jean ! va ! laisse-moi dormir! »
Sentant sous son charbon son visage blêmir,
Jean partait à pas lents l'âme tout attristée,
Et murmurait tout bas : « le château l'a gâtée,

« Mais l'enfant au devoir saura bien la ployer,
« Lui redonner l'amour de notre humble foyer,
« Et lui montrer la voie honnête et salutaire !
« Une seule saison renouvelle la terre :
« L'enfant a tout un an pour la bien conquérir ! »
Adrienne soudain ne voulut pas nourrir
L'enfant qu'elle disait aimer avec tendresse ;
Elle objectait toujours ses crises, sa faiblesse ;
Elle ne pourrait pas mener à bonne fin,
Le long allaitement du petit séraphin ;
Il valait mieux ne pas essayer l'entreprise !...
Jean laissa cette fois éclater sa surprise :
« C'est une chose claire et que chacun peut voir,
« Tu ne seras jamais la femme du devoir !
« Le démon qui te perd, c'est la coquetterie !.....
« C'est l'instinct qui te meut, c'est la voix qui te crie,
« Que le sein qui nourrit voit tomber sa beauté !
« Ce détail a navré ta lâche vanité !
« Quant à la mission si sainte de la mère :
« D'élever son enfant, tu l'estimes amère ;
« Tu vois les seuls ennuis d'un long allaitement ;
« Ton enfant à tes yeux n'est plus l'être charmant !
« Non ! non ! c'est le tyran qui sans repos ni trêve,
« Veut le jour qu'on l'amuse et la nuit qu'on le lève,
« Pour calmer, vrais ou faux, ses besoins incessants ;
« Qui consent à cesser ses cris assourdissants
« Quand sa mère fait droit à sa petite plainte,

« Et préfère au berceau la maternelle étreinte !
« Plus d'une dans tes maux sait trouver son bonheur,
« Déploie en ce martyre une douce fureur,
« Se compose un trésor de ses chaudes alarmes,
Des cris de son enfant ainsi que de ses larmes,
Et ne veut de ses soins aucun autre loyer.
Toi, tu vois seulement l'esclavage au foyer,
L'ennui d'un jour entier passé dans ton ménage,
Ce doux intérieur qui sied bien à ton âge ;
Tes esprits sont dehors, ils errent trop souvent
Rêvant de muscadins et de bals !.. et de vent !
Tonnerre ! vous avez lassé ma patience
Madame la duchesse ! avec votre science,
Et je vois clairement luire la vérité !
Vous avez toujours eu beaucoup de vanité,
Et le château chez vous a par ses opulences,
Surexcité le goût inné des jouissances !
Mais las ! je vous arrête, et je vous dis : je veux !
Vous nourrirez l'enfant !!! » Et Jean d'un bras nerveux,
Fit tomber au milieu d'un bruit épouvantable,
Toutes les potions éparses sur la table !!!..

Adrienne trembla... Pleine d'étonnement,
Elle respecta Jean et se soumit... Vraiment,
Le lépreux qui se tord sur son lit d'agonie,
Le grand homme vaincu tué par la calomnie,
Le poète inspiré, mais pauvre et malheureux,
L'apôtre d'une idée appelé songe-creux :

Tous ces êtres maudits sont loin, ô Jalousie,
Des cuisantes horreurs de votre frénésie !
Le cœur est embrasé de soudaines chaleurs,
Et le front est glacé de soudaines pâleurs !..
Lorsqu'après les labeurs d'une rude journée,
Le pauvre purion revoit la maisonnée :
Et la femme attendrie et les petits enfants,
Qui poussent de le voir mille cris triomphants,
Il est heureux !... Pour Jean c'est un nouveau supplice
Il voit de loin autour de la belle nourrice
Au seuil de sa maison coquettant, minaudant,
Le chapeau sur l'oreille et l'air outrecuidant
Les désœuvrés sortant du cabaret !.. O rage !
Et Jean sent dans son cœur mugir un sourd orage .
Le malheureux en proie à d'horribles tourments,
Ecoute en vain les bruits et les chuchottements ;
Sa femme est seulement légère et reste honnête,
Et le malheur épargne encor la maisonnette.

Le temps impétueux emporte dans son cours,
Et le torrent des nuits et le torrent des jours,
Dans une mer d'oubli noyant toute blessure,
Et de nos passions émoussant la morsure !
Adrienne des gens ne se distingue en rien.
Paul s'amuse parfois mais non pas en vaurien.
Ce sont jeux de son âge !. à sa tendresse exquise,
Adrienne est sensible et lui semble conquise.

Jean presque rassuré voit sans ressentiment
Adrienne au castel aller journellement,
Et verser un peu d'or dans leur train ordinaire :
Ce sont les jours sereins qui couvent le tonnerre ;
Pendant qu'avec son Paul ainsi que lui mineur,
Jean s'épuise en efforts, que devient son honneur ?
Alors des bruits mauvais courent sur Adrienne,
Car l'on dit que Lucien le fils de Madeleine,
Arrivé de Paris est grand et bachelier,
Et qu'Adrienne plaît à l'ancien écolier,
Lequel de ses rigueurs n'aurait point à se plaindre.

Jean calme si longtemps recommence de craindre ;
Il ressent des tourments affreux, comme jadis.
Le soir d'un pied furtif il entre en son taudis,
(Car le vice toujours engendrant la paresse,
Aux regards des voisins parle par la détresse),
Jean seul ne veut rien voir, habile à se tromper.
Quand les deux travailleurs n'ont ni feu, ni souper,
Il écoute en tremblant l'excuse de sa femme,
Tant il craint avant tout de la trouver infâme !

Mais parfois dans la mine il s'arrête songeur
Absorbé tout entier dans un chagrin rongeur.
Son pic triste languit inhabile à l'ouvrage,
Ou bien dans le sol noir il s'enfonce avec rage ;
On le dirait lancé par un jet de vapeur.
Paul regarde, tremblant d'une secrète peur.

Il admire de Jean la figure insensée,
Sans oser pressentir sa secrète pensée,
Car lui même sans voir toute l'horreur du mal,
Devine dans son ciel un tumulte anormal.
Mais pourquoi Jean souvent avec un œil farouche,
Le fixe-t-il longtemps, sans qu'un mot de sa bouche,
Récompense son bras de son labeur lassé ?
Entre son père et lui que s'est-il donc passé ?
Mieux que ce dur silence il aimerait le blâme !

Jean morne ou fiévreux repasse dans son âme
De quelques compagnons le sourire narquois :
Pourquoi Bertrand dit-il qu'il est un iroquois ?
Certes c'était bien lui que regardait ce drôle,
Lorsque dimanche au bal il dit cette parole !
Pourquoi Jean n'a-t-il pas chatié l'étourdi ?
Pourquoi sur l'insulteur Jean n'a-t-il pas bondi ?
Pourquoi les jeunes gens rient-ils à son approche ?
Nest-il plus respecté ? n'est-il plus sans reproche ?
A-t-il jamais commis une lâche action ?
Pourquoi chez les vieillards tant de compassion ?
Il n'en saurait douter : c'est cette créature,
Qui s'abandonne enfin à sa libre nature
Et le couvre de honte et de confusion !

Sa colère est pareille au fer en fusion :
Il enverra bientôt les traîtres dans la tombe !.,.
Mais soudain il s'apaise, et sa colère tombe :

« Est-il donc un enfant pour s'emporter ainsi ?

« Ne se forge-t-il pas des causes de souci ?

« Les voisins sont méchants, surtout à la campagne :

« Ils sont jaloux de l'or qu'Adrienne lui gagne,

« Et de ce qu'elle est bien avec les chatelains.

« Les hommes en tous lieux sont jaloux et vilains,

« Hostiles au mérite ainsi qu'à l'opulence !

« Puis, cette trahison n'a point de vraisemblance :

« Sa femme aurait passé du temps des passions,

« Au temps de la sagesse et des réflexions,

« Eclairé par le doux soleil du crépuscule,

« Pour sombrer dans la honte et dans le ridicule !

« Et quel nom donne-t-on d'ailleurs à son amant ?

« S'appelle-t-il Julien ? Jean Claude ? non vraiment !

Mais Lucien !.. C'est le nom qu'il surprend ! Sacrilége!

C'est le nom d'un enfant échappé du collége !...

Et Jean sentant son cœur plein de sérénité

Se remet au travail avec activité.

Un jour il n'y tint plus : « sortons du marécage !

« Dissipons les brouillards ; qu'on manœuvre la cage,

« Monsieur l'ingénieur ! je m'en veux remonter !

« Dans vos noirs corridors je ne veux plus rester !

« Je brûle de revoir le jour et ma chaumière.

« Dépêchez-vous, Monsieur ! vite ! de la lumière !....

— « Est-tu blessé, lui dit alors l'ingénieur ?

« Oh ! oui ! répondit Jean . Où cela ? — Dans le cœur !

— « Il est fou ! — non hélas ! monsieur ! l'intelligence,

« Est entière, et du moins servira ma vengeance !,. »

Jean sanglotant parmi les purions surpris
S'arrachait en jurant ses pauvres cheveux gris.
Paul pleurait près de lui sans force et sans pensée :
Jean dégagca sa main qu'il tenait embrassée.

Comme l'ingénieur disait : « montez tous deux !
Paul ! prends soin de ton père !... » avec un œil hideux,
Jean repoussa son fils, et plein de véhémence :
« Retourne à ton filon, lui dit-il ; recommence
« Sans relâche à fouiller la terre et le charbon !
« C'est un métier très-sain, très lucratif, très-bon,
« Et qui doit comme au corps à notre âme suffire !... »

Et tout en remontant il éclatait de rire ...

Les mineurs croient voir Jean lâchant tous les appuis
Bondir hors de la cage et tomber dans le puits.
Mais quand la cage atteint la terre à sa surface,
Ils s'occupent de Paul hébété, tout de glace,
Et sans l'interroger géants fiers et charmants,
Lui donnent tour-à-tour mille encouragements ;
Car si l'homme est léger et rapide à la haine,
Dieu fit de la bonté le fond de l'âme humaine !

A peine de son pied a-t-il touché le sol,
Que Jean vers sa maison semble prendre son vol !
En vain veut-il aux yeux composer son allure,
Comme un brick d'écumeurs dérobe sa voilure,

Sur la route du bourg il s'avance à grands pas :
Un ami le rencontre : il ne s'arrête pas !
Il semble fol ou sourd... voici la verte allée
Qui mène à la maison suspecte et désolée,
Un enfer qui pourrait être le paradis !....

Jean s'arrête... Que lui réserve son taudis ?
Il se sent le cœur faible..... il tremble, sans courage,
Comme tremble la feuille au souffle de l'orage.
Il hésite devant le terrible inconnu.
Ah ! qu'il voudrait s'enfuir ou n'être pas venu !
Que ne retourne-t-il ?... mais la maison hagarde,
Avec ses deux grands yeux étranges, le regarde !
Il s'avance .. — il entend et des voix et du bruit ;
Il frappe : on n'ouvre pas.!.. holà ! quelqu'un s'enfuit !..
Adrienne paraît sur le seuil de la porte,
Et saisit son époux à la gorge, et s'emporte :
« Quelle peur tu m'as faite ! — Ai-je frappé trop fort
« Femme?— Oui,mais...—entrons ! dit son homme avec effort !
Quand il se fut assis : il parait Adrienne,
Que vous avez congé chez votre chatelaine ?
— Nullement ! — Quel motif alors t'amène ici ?
— Tu veux de mon retour la raison ? la voici :
J'oubliai ce matin ce plastron, que la veille
J'apportai du château.... — Cela tombe à merveille,
Femme !... mais j'ai cru voir un tout jeune gandin,
Lorsque je suis venu s'enfuir par le jardin !

— « Tu te trompes !... vraiment je m'estime trop bonne,
De t'écouter ainsi comme maître en Sorbonne ;
Jean tu n'es pas docteur ; laisse-là tes leçons,
Epargne-moi surtout tes indignes soupçons !!!.. »
Jean va dans le jardin et l'inspecte ; peut-être
Dit-il, ne suis-je pas, un bachelier, un maître,
Je n'ai pas comme toi lu beaucoup de romans,
Mais j'ai quelque bon sens et je crois que tu mens !
— Misérable ! — Ma barbe, Adrienne, grisonne ;
Je ne crois plus aux mots depuis que je raisonne ;
Dis-moi.., tu fumes donc le cigare à présent ?
Quel est le beau muguet qui t'a fait ce présent ? »
— Jean montrait un étui de cuir pour le cigare,
Comme on n'en voyait point dans leur modeste gare ;
« Ce portefeuille ? hé bien ! je l'aurai rapporté
Du castel, où dans mon retour précipité,
Je l'aurai pris parmi ces objets de toilette
Ces manchettes, ce col avec cette voilette !... »
Hé bien ! excuse-toi, Jean ! es-tu convaincu ?.... »

Et Jean fut tout heureux de s'avouer vaincu.

III

Adrienne a pour Jean de subites tendresses,
Elle qui repoussait naguère ses caresses,

Lui disant qu'il n'est pas sous tout le firmament
De supplice cruel comme un accouchement,
Et que l'homme est sans doute un monstre d'égoïsme
Qui pour un court plaisir d'un brutal paroxysme,
Inflige à sa moitié plus que la question,
Et peut se regarder sans indignation !

Mais maintenant ce sont mille coquetteries,
Des mouvements félins, de prudes chatteries,
Des déshabillés pleins de provocations,
Des silences boudeurs parlant aux passions.
Jean y perd son latin ou bien ne veut comprendre :
« Le temps des passions chez toi s'est fait attendre
« Lui dit-il ; je te vois en l'âge de raison
« Plus ardente qu'aux jours de ta jeune saison !
« Quelle vivacité, morguenne ! et quelle ivresse !
« Heureux l'adolescent qui t'aurait pour maîtresse !
« Tu m'aimes; c'est fort bien; peut-être est-ce un peu tard·
« Tu veux un fils de Jean et non pas un bâtard ;
« Ce scrupule t'honore et te vaut mon estime
« De chercher ton mari pour un commerce intime !
« Non ! non ! ce n'est pas toi qui voudrais d'un amant !.. »
Sa femme rougissait alors légèrement.
L'œil soupçonneux de Jean surprenait au passage,
Ce fugitif éclair courant sur son visage.

Adrienne un beau jour lui dit : « Ami ! je crois
Qu'il aurait mieux valu pour nous être plus froids ;

Je suis enceinte ! Après quinze ans de continence,
Cette orgie honorable est de l'impertinence ».
— Tonnerre ! exclama Jean, je ne crois plus en toi !
Ton fils est un bâtard, ton fils n'est pas de moi !
« Car plus que de raison apparaît ta grossesse !
« Il faut tout calculer, madame la princesse,
« Et ne pas voir d'abord seulement le plaisir,
« Quand de tromper son homme on se sent le désir.
« Pour que ton nouveau fruit me parut authentique,
« Tu devais à l'amour mêler l'arithmétique,
« Ou folle, supplier ton juvénile amant,
« D'avoir pour toi du calme et du discernement ! »

.   .   .   .

.   .   .   .

Ce fut pis que l'enfer alors que ce ménage ! .
Jeunes gens que la loi jette aux champs de carnage
Lorsque l'affreux boulet vient de vous mutiler,
Vous sentez en vos corps la jeunesse hurler,
Car il vous faut quitter les présents de la vie,
La douce bien-aimée à votre amour ravie,
Mourir avant de vivre !!... et tout décolorés,
Vous songez tristement aux jours non savourés :
Ne pleurez pas vos fleurs, par le froid moissonnées,
Si vous deviez de Jean subir les destinées !....
L a mort est douce à qui le sort n'a pas souri !

Le village indigné donne un charivari
A la trop élégante et volage Adrienne.
La fille qui leur nait doit s'appeler Lucienne
Du nom de son parrain qui s'appelle Lucien.
Jean de honte abreuvé sent son ulcère ancien
S'aviver, quand il voit dans son humble cottage,
Affluer tous les biens que donne un héritage !
Le parrain généreux se répand en présents,
Si bien que les mineurs avec les paysans
Disent qu'au déshonneur Jean sait trouver son compte
Et que son humble toit s'enrichit de sa honte !

Que Lucienne ressemble au jeune chatelain !
C'est son œil large et bleu, c'est son nez aquilin.
Comme une aristocrate elle est fine et palotte.
Aussi, Jean quelquefois, tout un long jour, sanglotte,
Puis éclate et rugit comme un tigre enfermé,
Pour s'apaiser, tomber, sans preuves, désarmé.
De Paul il prend parfois nerveusement la tête,
Et l'embrasse ; sa voix pareille à la tempête
Tonne : mon cher enfant ! seul bien d'un vil maudit,
Sans femme, sans foyer, sans Dieu, comme un bandit»!.
Le jeune homme a pitié de son malheureux père.
Ce martyr dit à l'autre : allons ! courage ! espère !
Mais Jean n'espère plus, ne veut plus travailler.
Il voudrait empêcher les gens de le railler.

Ah ! s'ils n'étaient que vingt ! mais quoi c'est le village,
Qui dénigre l'époux de la femme volage ;
Aucun des purions ne lui donne la main.

Telle est bien ta justice, ô pauvre genre humain !

Tous les jours à midi Jean a vidé sa gourde,
Pleine d'affreux cognac ; sa voix est rauque et sourde.
Sous son noir il est pâle et son œil est méchant.
Il se mord quelquefois les lèvres jusqu'au sang.
Il se tient des discours tout pleins de véhémence.
Il gesticule, il pleure..,. Est-ce de la démence ?
Paul effrayé jamais n'en retrouve le fil.
Jean souvent fixe Paul... « c'est bien là, le profil
 Maudit, mais adoré de l'exécrable épouse !... »
Puis, nouvel aliment à sa fureur jalouse,
Il retrouve chez Paul plusieurs traits de Lucien !..,
« Est-ce que cet enfant ne serait pas le sien ?
« Aurait-il donc vécu toujours en plein mensonge ?
« Cette hypothèse n'est assurément qu'un songe !
« Il suppute les ans et s'estime insensé :
« Ce jeune séducteur apprenait l'a b. c.
Qu'importe ! il y revient le pauvre misérable !
Ce cauchemar lui cause un mal intolérable ;
« Ah ! combien il voudrait voir la terre s'ouvrir !
« Ah ! combien il voudrait dormir enfin ! mourir !

« Allons ! mettons un terme à ma longue agonie !
« Bravons tous les malheurs ! même la calomnie » !..

Et Jean fait le serment de se tuer demain.
Une réflexion lui barre le chemin :
« C'est que sa seule mort réjouira sa femme,
« Loin d'entraver le cours de son bonheur infâme,
« Car la honte est légère à ces sortes de fronts !
« Ils ne redoutent pas la rougeur des affronts !....
« Et mes anciens amis, ces compagnons d'ouvrage,
« Qui se montrent pour moi des chiens hurlants de rage !..
« Que leur avais-je fait ? Suis-je donc un lépreux ?
« Est-ce un crime après tout que d'être malheureux ?
« Ah ! comment les punir ? Comment dans ma vengeance,
« Entrainer Adrienne et cette sotte engeance ?..... »

Tout à coup dans la mine un long commandement,
De filon en filon, court lamentablement;
Le vieux comme le jeune et palit et frissonne :
Car c'est le porte-voix de la mort qui résonne:
« Le grisou, signalé ! plus un seul mouvement !
« Veillez sur votre lampe !!!.. » Indicible moment !
Où le salut de tous dépend d'une étincelle !
A ce coup la raison du pauvre Jean chancelle :
« La voilà ! la voilà ! la rare occasion !
« Il peut envelopper dans une explosion
« Tous ceux par qui sa vie est devenue amère,
« Et par Paul chez l'épouse il peut punir la mère ! »

Mais son crime à ses yeux apparait plein d'horreur ! —
Il hésite ; soudain sa main avec fureur,
Par un fou mouvement, par un geste électrique,
Fait voler en lambeaux la gaze métallique,
Qui refroidit la flamme et la rend sans danger.
A peine à son forfait Jean a-t-il pu songer :
Une flamme rapide, une fumée épaisse,
Un bruit épouvantable, et des cris de détresse
S'élevent aussitôt sous ces noires parois :
« Ah ! mon père ! » dit Paul... Jean reconnait sa voix !...
Puis la secousse enfin décroit en violence,
Et dans les corridors règne un morne silence.

ARNAUD-BARON.

9 782014 063417